BAM

LA RENCONTRE

Ils se sont rencontrés comme ça

Amandine Maglott
Illustrations Romane Vix

BAM
LA RENCONTRE

Ils se sont rencontrés comme ça

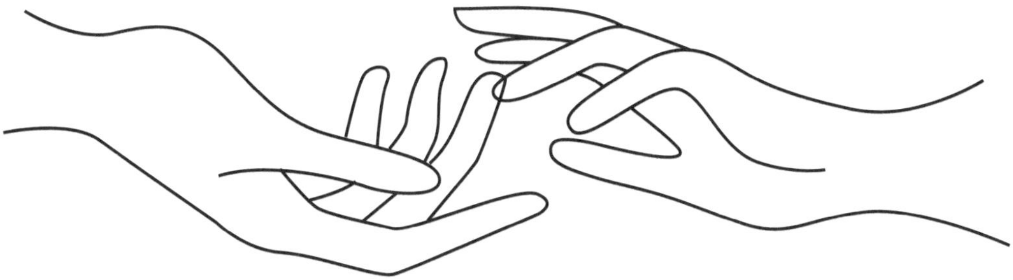

200 histoires d'amour et d'amitié

LA MAISON
hachette
PRATIQUE

à Françoise & Claude,
à Marie-Madeleine & André,
mes étoiles préférées

JE SOUHAITE REMERCIER TOUTES LES PERSONNES
QUI ONT PARTICIPÉ GRACIEUSEMENT
À CET OUVRAGE.

DANS UN MONDE OÙ L'ON NOUS RÉPÈTE SANS
CESSE QU'IL EST DIFFICILE DE SE RENCONTRER,
VOS TÉMOIGNAGES SONT UNE SOURCE D'ESPOIR
ET DE VÉRITÉ QUI MARQUERONT L'HISTOIRE
À TOUT JAMAIS.

BAM LA RENCONTRE EST UN COMPTE INSTAGRAM®
NÉ EN 2019. IL MET EN LUMIÈRE DES RENCONTRES
D'AMOUR ET D'AMITIÉ. L'INSTANT
OÙ TOUT A COMMENCÉ.

Il y a ...

Introduction

J'ai toujours eu à cœur de savoir comment les gens se rencontrent. Pourquoi la vie met-elle ces personnes sur notre route ? Est-ce un coup du destin ? Ou simplement la magie du hasard ?

Si nous accordons autant d'importance aux rencontres, c'est bien parce qu'elles marquent le point de départ de nos aventures. À l'instant même où la vie provoque ce rendez-vous, nous n'avons aucune idée de l'impact que cela aura sur notre existence.

Et pourtant, qu'elles soient éphémères ou éternelles, réelles ou virtuelles, elles ont la faculté de réchauffer nos cœurs le temps d'une journée ou de bouleverser notre destin à tout jamais.

La vie est faite d'expériences, ces rencontres nous permettent de les vivre. Elles s'invitent dans nos vies pour nous faire grandir, pour nous éveiller. Elles deviennent de véritables alliés pour arpenter la vie à coup de folie. Car d'un simple message, elles font vibrer nos cœurs et d'un simple regard, elles embrassent nos peurs.

Et c'est parce qu'elles se jouent des frontières et qu'elles défient les langues que les rencontres nous permettent de voir en l'autre une possibilité inespérée. Elles chamboulent nos croyances pour nous montrer que l'inconnu est magique même lorsqu'il est inattendu.

Et s'il arrive parfois de faire de mauvaises rencontres, la vie se chargera de mettre sur notre route une main tendue face à nos bras baissés, une lueur d'espoir à nos dimanches soir.

Les histoires peuvent, bien sûr, se terminer, mais la magie d'une rencontre reste, elle, éternelle. Car il n'y a rien de plus certain : d'autres âmes croiseront notre chemin.

La vie est belle. Nous avons tous besoin de savoir que, bien entouré.e.s, elle peut l'être encore plus.

À CES RENCONTRES ÉPHÉMÈRES QUI ÉVEILLENT NOS JOURNÉES.
À CES RENCONTRES ÉTERNELLES QUI NOUS MARQUENT À JAMAIS.
À VOS RENCONTRES.

Belle lecture,
Amandine

Celles qu'on nous raconte

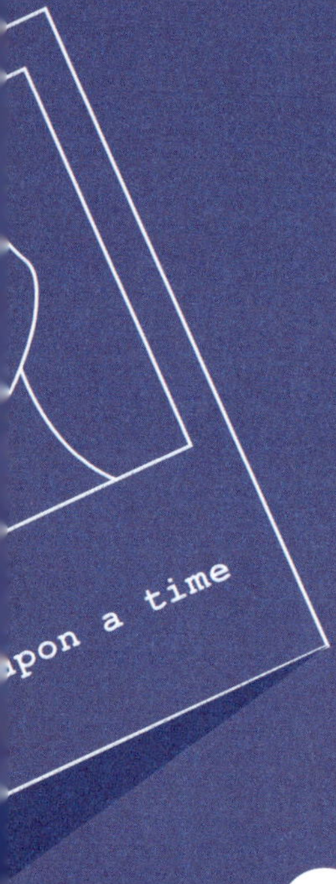

Novembre 1964

Il y a celles qu'on nous raconte. Ces rencontres qui ont défié le temps pour le ramener au moment présent. Celles qui ont un goût d'antan, celles de nos parents, de nos grands-parents. Elles sont le fruit du passé, mais c'est pour toujours qu'elles sont ancrées.

Quand tu vas en brune de miel

« Invité à une surprise *party*, il n'y a pas de métro mais je décide quand même d'y aller. Je danse avec une blonde mais j'aperçois au loin une brune qui me fait signe de venir pour choisir le prochain disque. »

FRANÇOISE & CLAUDE

67 ANS D'AMOUR

la suite

Mais avant de commencer notre vie à deux, Françoise part pour une année en Angleterre, comme jeune fille au pair, où elle perfectionne son anglais. Une année parfumée d'échanges épistolaires avec toujours une grande impatience de se revoir. À son retour, notre mariage est célébré deux jours après Noël, dans la joie et l'allégresse.

Une rencontre qui en jette !

« Ayant trop peur de l'inviter à danser, je me suis contentée de lui jeter des confettis au visage pour attirer son attention. »

COLETTE & GEORGES

50 ANS D'AMOUR

Le bouquet final

« 1945, elle a 19 ans et visite tous les jours son frère atteint d'une tuberculose. Je suis en rémission de la mienne. Au sanatorium, nous nous croisons quotidiennement durant deux semaines.
Un jour, j'ai laissé un bouquet de tournesols sur le fauteuil où elle avait l'habitude de s'installer. »

HÉLÈNE & CHARLES

74 ANS D'AMOUR

Vitre fait, bien fait !

« Lors d'une permission en Allemagne, je l'aperçois en bas d'un immeuble, en train de faire une partie de boules de neige avec des enfants. Je me renseigne pour savoir si elle est mariée. Quelques jours plus tard, après m'être endormi dans la voiture, un rayon de soleil me réveille. C'est elle qui toque à ma vitre. »

IRMGARD & EDGARD

63 ANS D'AMOUR

la suite

C'est ce jour-là que notre histoire a commencé. Elle a appris le français et moi l'allemand. Elle m'a suivi sur toutes les mers du monde et moi, sur toutes les terres.

Il est venu le temps des pyramides

« Lorsqu'un ami me montre la photo de sa sœur qui vit au Mexique : je tombe amoureux. En voyage à Mexico, je la rencontre enfin. On s'embrasse pour la première fois sur les marches de la pyramide de la Lune à Teotihuacan. »

LUZ & NICO
40 ANS D'AMOUR

Aller de bon train !

« Dans un train, au retour de Berlin, j'essaie de fuir une fille un peu trop collante avec moi. Je demande donc à une autre jeune fille si je peux m'asseoir à côté d'elle. Elle a dit oui. »

SUZANNE & BERNARD
65 ANS D'AMOUR

Quand ça marche comme tu veux

« En montant les marches du restaurant universitaire, je vois un rayon de soleil au milieu de la foule. Je dis à mon ami : “Tu vois la petite blonde au loin ? C’est la femme de ma vie.” Ce à quoi il me répond : “Tu vois le rouquin à côté ? C’est son copain.” Bien plus tard, je la retrouve à une soirée. C’est le coup de foudre. Elle m’annonce qu’elle est célibataire depuis peu. »

O & G

38 ANS D’AMOUR

Une parfaite symphonie !

« 1960, inauguration d'une brasserie à Paris, j'ai 22 ans. Un groupe de musique se produit pour l'occasion. Ils sont trois mais je ne vois que lui. De vingt ans mon aîné, il joue sur scène avec son orchestre en chantant muni de son accordéon. À la pause, nous nous saluons. Avec mon amie, nous nous installons à leur table pour manger avec eux. Il n'en fallait pas plus pour laisser la magie opérer. »

ROGETTE & GEORGES

UN AMOUR ÉTERNEL

la suite

Après plusieurs rendez-vous et concerts où je les accompagne, lui et son orchestre, nous tombons finalement amoureux. Un amour qui se concrétise par l'arrivée de notre petit garçon, Patrick. Onze ans après sa naissance, Georges nous a quittés comme je l'avais rencontré. Sur scène, avec son accordéon, son cœur a cessé de battre. Mon cœur lui est toujours resté fidèle. Quarante-sept ans plus tard, je n'ai jamais refait ma vie avec un autre homme car il restera à jamais celui qui l'a marqué.

1
primaire
3
collège
lycée
7
fac

Et celles qui nous élèvent

Il y a celles qui nous élèvent.
Ces rencontres qui ponctuent notre scolarité. Celles qui dissolvent nos interrogations pour en faire la parfaite équation. Elles sont la famille qu'on choisit pour sauter à pieds joints dans la vie.

Faire d'une pierre deux rencontres

« Il m'a proposé de jouer avec lui à la petite voiture dans le bac à sable de l'école maternelle. Vingt-neuf ans plus tard, il me présente son amie Marie. »

PAUL & PHIFI - 34 ANS D'AMITIÉ

MARIE & PHIFI - 4 ANS D'AMOUR

C'est de bonne guerre !

« À l'école, en atelier pour la fête des pères, j'ai crié : "À la guerre !" en brandissant un rouleau à pâtisserie au-dessus de la tête de ma voisine. Elle a riposté. On a fini toutes les deux dans le couloir. »

TINTIN & MILOU

13 ANS D'AMITIÉ

Coup de feu amical !

« Rentrée en première année de BTS Communication, je ne connais personne et me retrouve assise seule à une table. Lors de la pause, j'oublie mon briquet. Je prends mon courage à deux mains, m'approche d'elle et lui demande timidement : "Hello, t'as pas du feu ?" »

AMANDINE & VALENTINE

10 ANS D'AMITIÉ

la suite

Après m'avoir gentiment prêté son briquet, nous ne nous sommes plus jamais quittées. Trois ans plus tard, nous sommes parties en sac à dos à la découverte de l'Asie du Sud-Est. Un voyage intense et inoubliable qui a forgé notre amitié à tout jamais.

Un comportement bam ouais

« Petite section de maternelle, elle ne veut pas être assise à côté de moi. Je me suis donc décalée vers elle jusqu'à ce qu'elle tombe presque du banc. »

MAÉ & LOUNA
15 ANS D'AMITIÉ

Une rencontre mama-gique

« Dans le couloir de l'école, nos mamans se sont mises à discuter de notre niveau de français terriblement nul. On s'est échangé un regard gêné et j'ai craqué pour ses cheveux longs. »

CYNTHIA & ARNAUD
23 ANS D'AMOUR

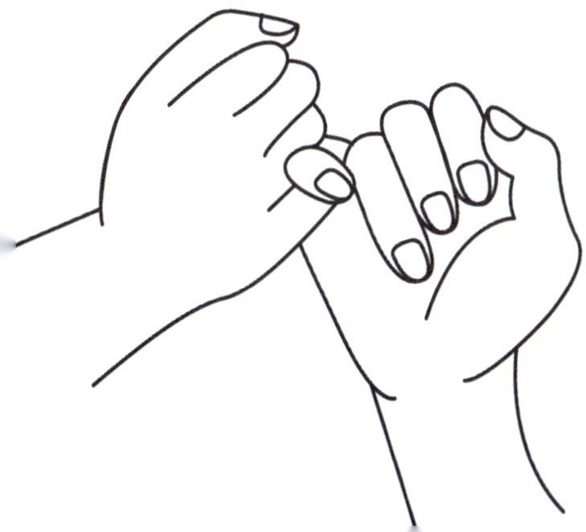

You're so kind-er

« À notre rentrée de 5ᵉ, il s'est assis derrière moi et m'a proposé un Kinder Bueno©. »

MARGAUX & THOMAS
7 ANS D'AMOUR

la suite

Depuis ce jour, nous avons passé toute notre scolarité ensemble. Aujourd'hui, nous habitons sous le même toit avec notre petit chat Pralin.

How I met your father !

« Je me suis assise à côté de lui en anglais.
On avait un exposé à faire avec pour thème :
"la rencontre". »

MÉLISSANDRE & MIKHAËL

6 ANS D'AMOUR

C'est l'heure du du-du-du-duel

« Au collège, un ami nous présente et nous fait remarquer notre intérêt commun pour les mangas. J'ai eu droit à un interrogatoire de sa part pour savoir si je mentais. »

YURI & MAXIME

16 ANS D'AMITIÉ

Quand t'as aucun dou-doute

« École maternelle, nous avions simplement la même poupée comme doudou préféré. Une évidence, cette fille serait ma meilleure amie pour de nombreuses années. »

AUDREY & MARGOT

17 ANS D'AMITIÉ

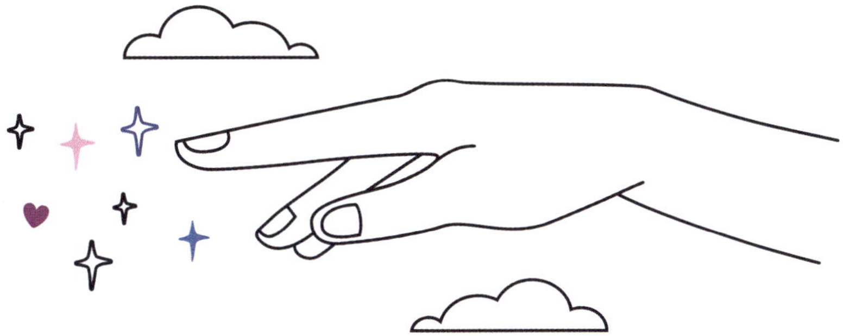

Merci Nostradamus

« Il y a douze ans, un ami de lycée me le montre du doigt en me disant : “Tu me remercieras quand vous serez mariés.” »

LYLY & ZAK

12 ANS D’AMOUR

la suite

Douze ans plus tard, nous voilà effectivement mariés et parents d’un petit garçon de 4 mois.

Tu craches sur moi y'a R !

« Elle était assise à côté de moi sur les bancs de l'université. J'ai toussé, un crachat a atterri sur ma main. J'ai voulu le masquer, elle a capté, on a rigolé. »

SANDRINE & JULIE

13 ANS D'AMITIÉ

Quand tu vas droit au but

« Après trois semaines seule à la fac de droit, je m'assois dans l'amphithéâtre à ses côtés. Ne sachant pas comment engager la conversation et voulant absolument sympathiser avec elle, je lui ai demandé combien avait coûté son MacBook®. »

DOUNIA & AMANDINE

11 ANS D'AMITIÉ

Bic et Bic et coléBam

« Elle s'est assise à côté de moi et m'a demandé
si j'étais contente de mon stylo.
Car elle, ne l'était pas. »

LUCETTE & SOPHIE

42 ANS D'AMITIÉ

la suite

Après plus de quarante années d'amitié remplies de voyages rythmés d'auto-stop et de découvertes, nous nous retrouvons enfin dans le même pays. Des projets plein la tête, à base de *road trip* en sac à dos !

Celles qui nous donnent la direction

Il y a celles qui nous donnent la
direction. Ces rencontres qui nous
sortent de notre train-train quotidien
pour en faire un plus beau lendemain.
Elles font d'une simple intersection
la plus belle des destinations.
Avec elles, zéro terminus, juste
un splendide bonus.

Une rencontre step by step

« Nous nous sommes rencontrés dans un wagon de métro à Montréal. En descendant à la même station, il m'a abordée en me demandant s'il pouvait monter les marches à mes côtés, le temps qu'il trouve quelque chose de bien à me dire pour que j'accepte de le revoir. J'ai dit oui. »

CAMILLE & KYLE

9 ANS D'AMOUR

la suite

Nous avons pris notre temps et avons emménagé ensemble après huit ans d'amour. Des projets plein la tête et une envie de construire de belles choses.

Sur l'autoroute des vacances, c'était sans doute leur jour de chance !

« Vacances de février, je pars au ski. Dans les bouchons depuis trente minutes sur l'autoroute du Soleil, je m'amuse à faire coucou aux autres passagers. Je la vois à l'arrière d'une voiture et lui fais des signes. Elle me donne son Instagram® sur une feuille et l'on finit par se parler via l'application durant le reste du trajet. Nous nous rencontrons six semaines après à Saint-Malo. »

ANAËLLE & CYRIAQUE

7 MOIS D'AMOUR

Il n'y a pas de coco-ïncidence !

« J'étais passagère d'un vol Paris-Rio. Il était le pilote. Coup de foudre aéronautique à dix mille mètres ! »

CLARA & STÉPHANE

7 ANS D'AMOUR

la suite

Le lendemain de cette rencontre, nous dégustons une noix de coco sur la plage de Copacabana, à Rio, où je suis partie vivre. Après ce moment, nous nous sommes revus plusieurs fois lors de ses escales. Quelques mois plus tard, il me propose de venir déjeuner à Paris. Le lendemain, je fais ma valise et rentre définitivement le rejoindre. Aujourd'hui, nous sommes parents d'une petite fille qui adore les avions.

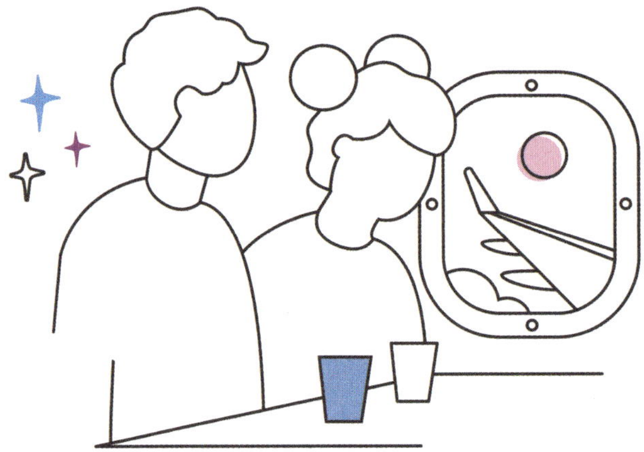

Simple comme bonjour !

« Je finissais une année d'échange en Nouvelle-Zélande. À cause de la pandémie, mon avion de retour avait déjà été annulé cinq fois. À l'aéroport d'Auckland, en pleurs à l'idée de quitter ce pays que j'adore, j'ai dit bonjour à ce *backpacker*. Nous avons discuté pendant dix-huit mille kilomètres et, arrivés à Paris, j'ai pris son numéro en pensant que "tout arrive pour une raison" et qu'il me fallait en trouver une à ces multiples annulations. Cinq mois plus tard, on se confinait ensemble. »

CAMILLE & LUCAS

1 AN D'AMOUR

Une histoire qui roule !

« Je partais à Paris. C'était mon conducteur BlaBlaCar®. Mêmes goûts musicaux, tous les deux sensibles, c'est le coup de foudre ! Nous sommes tous les deux nés le même jour : celui de la Saint-Valentin. »

MARGAUX & RÉMI

4 ANS D'AMOUR

On n'oublie jamais rien, on roule avec !

« J'ai réservé son trajet pour du covoiturage. On a discuté ensemble tout le long en oubliant presque les deux autres passagers à l'arrière. »

A & L

7 ANS D'AMOUR

la suite

Après deux jours d'échanges par SMS, nous faisons le trajet du retour ensemble. J'apprends, plus tard, qu'il avait annulé son covoiturage du retour sur le site Internet pour que l'on se retrouve juste tous les deux. Aujourd'hui, nous vivons ensemble dans notre maison et nous venons de nous fiancer.

Inspectrice gad-jet

« Elle se trompe de siège dans l'avion. Je m'endors à côté d'elle. Quand je me réveille, on a le temps d'échanger trois mots. Elle me retrouve deux semaines plus tard sur Linkedin®. Sans prénom, sans adresse et sans savoir où je bosse. »

DELPHINE & MATHIEU
2 ANS D'AMOUR

Tit Uber d'amour

« Il est 6 heures du matin, je rentre de soirée et décide de prendre un UberPool® pour la première fois. Il était dedans. On a ri et parlé pendant vingt minutes. »

HÉLÈNE & JULIEN
5 ANS D'AMOUR

Quand y'a de l'amour dans l'air

« Au retour de vacances, je prends l'avion avec ma fille. J'étais au plus mal car mon grand-père venait de mourir. Une main tendue au tapis à bagages, une discussion, mon premier éclat de rire depuis des jours. En réalité, il était là tout le vol, derrière moi, avec son fils. Une évidence. »

S & O

2 ANS D'AMOUR

Le parfait ren-car

« Sept mois à se regarder dans le bus. Lui allant au travail, moi en cours. Au bout des sept mois, l'une de mes copines a finalement réalisé que c'était son cousin. Ni une ni deux, elle m'a envoyé son compte Instagram®. »

MAËLLE & GUILLAUME

2 ANS D'AMOUR

Believe en Diddl®

« Voyage scolaire en Allemagne, je la rencontre au moment où elle s'assoit à côté de moi dans le bus. Nous sympathisons tout le long du trajet. Je tombe amoureux d'elle. Je m'empresse de le dire à mon meilleur ami qui se hâte de le répéter. De fil en aiguille, elle finit par l'apprendre. Elle prend les devants et décide de m'écrire un mot sur une feuille Diddl®. Je lui réponds. »

JULIE & MARTIN

12 ANS D'AMOUR

Et celles qui nous amènent à destination

Il y a celles qui nous amènent à destination. Ces rencontres qui s'invitent dans nos bagages pour en faire le plus beau des voyages. Celles qui se jouent des frontières pour nous apporter une bouffée d'air. Elles font d'une simple étincelle la plus belle des lunes de miel.

Swim-moi je te suis !

« Il était mon voisin de lit dans une auberge de jeunesse en Indonésie. Lorsque nous réalisons que nous avons habité dans la même ville, nous échangeons nos contacts, puis nos routes se séparent. La pandémie nous ramène en France. Nous discutons pendant le confinement puis nous nous éloignons à nouveau. Lors d'une journée avec des ami.es au bord de la rivière, je m'installe par hasard face à lui, sur l'autre berge. Il a traversé la rivière pour me rejoindre. »

LISA & THOMAS

1 AN D'AMOUR

-20 % sur Babbel®
pour essayer de se comprendre

« Il était pianiste et moi directrice de croisière sur un paquebot. Il parlait croate, allemand et italien. Je parlais français, anglais et espagnol. »

CHRISTINE & VINKO

20 ANS D'AMOUR

Rencontre dans le bamgalow

« Nous nous sommes rencontrés lorsque nous avions 5 ans au camping où nos parents allaient chaque été. On s'y est retrouvés tous les ans jusqu'à nos 16 ans. C'était un peu mon amoureux de vacances. Puis, plus rien, plus de nouvelles pendant huit ans. Jusqu'à ce qu'on se retrouve par hasard à Paris. »

SARAH & ÉTIENNE
3 ANS D'AMOUR

Spa-rfait

« Je suis partie en Erasmus à Rome. Sur place, un voyage est organisé à Florence avec une association d'étudiants italiens. Il s'est assis à côté de moi dans le hammam de l'hôtel. »

SOPHIE & ENZO
5 ANS D'AMOUR

D'un coup de fil au coup de foudre !

« J'habite à Melbourne et dois rentrer en France pour Noël. Je mets une annonce sur un groupe Facebook® pour sous-louer ma chambre. Elle me répond et m'explique qu'elle est à Bali. Nous discutons au téléphone et passons un accord. Nous nous rencontrons le jour de mon départ. C'est le coup de foudre amical. »

ROMANE & AMANDINE

3 ANS D'AMITIÉ

la suite

À mon retour de France, nous arpentons les rues de Melbourne ensemble pratiquement tous les week-ends, de bars en *night-clubs*, rien ne nous arrête. Avant son départ, je lui propose de m'accompagner en festival, ce fut son premier, juste elle et moi. Trois jours d'expériences sans limite. Malgré la distance qui aujourd'hui nous sépare, les souvenirs de nos folies australiennes restent des moments précieux qui ne se dissiperont jamais.

Quand y'a pas de gêne, y'a du confort

« Séjour Erasmus à Malte, lors d'une nuit sur une île déserte avec soixante étudiants, il avait pensé à ramener sa couette pour dormir. Je lui ai empruntée sans savoir que c'était la sienne. »

ALEXIA & FLORIAN

10 ANS D'AMOUR

C'est bon de se laisser guider

« Je voyage seule pendant un mois en Espagne.
En arrivant à Madrid, je décide de faire une visite guidée.
On est soixante-dix, il est à côté de moi.
Je lui demande : "Are you travelling by yourself ?" »

M & A

1 AN D'AMOUR

Quand Harry rencontre Alice

« Je suis allée voyager seule en Amérique du Sud. Après quatre mois à gambader, je le vois, dans cette auberge au Guatemala. Nous avons joué au billard en se disant qu'on était vraiment une équipe de *losers*. Après avoir fui trois pays en pleine pandémie, nous sommes rentrés ensemble, chez lui, en Angleterre. »

ALICE & HARRY

10 MOIS D'AMOUR

Ça s'est joué en deux jours

« Il est suédois. Je suis belge.
Nous nous sommes rencontrés
dans un *pub* à Londres alors
que j'y passais seulement
le week-end. »

VIOLETTE & ROBERT
11 ANS D'AMOUR

la suite

Depuis Londres, nous avons beaucoup voyagé entre la Suède et la Grande-Bretagne. En octobre 2019, nous décidons de rentrer en Suède et achetons notre premier appartement.

Quand t'arrives à bon port

« Je suis allée tourner un film au Kosovo.
C'est lui qui m'attendait à l'aéroport. »

JEANNE & YLLI

4 ANS D'AMOUR

Quand tu n'y vas pas avec le dos de la cuillère

« Arrivée à Londres pour mon année de césure, je ne connaissais personne à part ma famille d'accueil. C'est dans un Costa Coffee® que je le rencontre. Un verre de café à la main, je ne sais pas où se trouve le comptoir à sucre. Il me propose son aide et me ramène non pas un, mais une dizaine de sachets de sucre. Coup de foudre, on passe la journée ensemble et on s'embrasse à Camden Town. »

OCÉANE & EDI

2 ANS D'AMOUR

la suite

Quelques jours après, je rejoins le centre de Londres avec la maman de ma famille d'accueil pour un dîner au restaurant. Durant le trajet, il m'envoie un Snap©. Il semble, lui aussi, être dans le train. Sans le savoir, on se croise en même temps, à la même station.

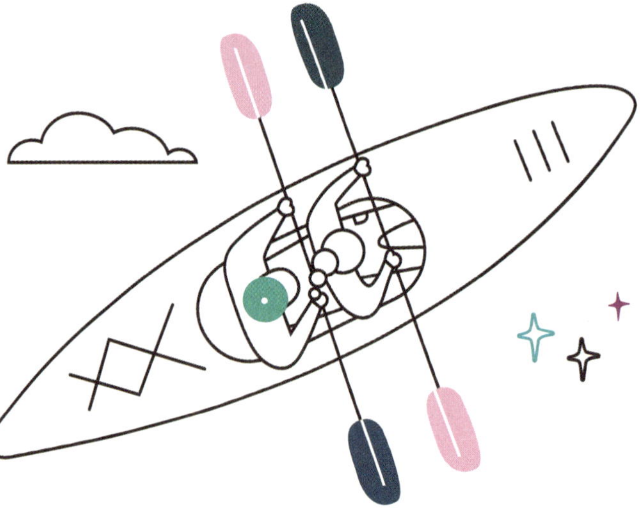

Quand tu fais chavirer les kayaks et les cœurs

« En club de vacances, je craque pour le moniteur sportif. Il m'aborde en soirée dansante en m'expliquant comment redresser un kayak chaviré. »

M & L

5 ANS D'AMOUR

Quand tu tombes pour elle !

« Voyage en Guadeloupe avec ma maman, nous visitons l'île de fond en comble. Arrivées aux chutes du Carbet, nous devons marcher 1 h 30 sur un sol glissant à cause de la pluie pour accéder à la première cascade. Cela faisait un petit moment qu'on grimpait sans en voir le bout. Nous demandons donc aux personnes qui redescendent pour combien de temps il y en a encore. C'est à ce moment-là qu'un jeune homme descend. Il arrive à ma hauteur, glisse et tombe. Je l'aide à se relever, nous commençons à discuter. Il est en déplacement professionnel sur l'île pendant trois semaines. Je comprends qu'il est seul et l'invite à un concert. Il est venu. »

SALOMÉ & YAN

2 ANS D'AMOUR

la suite

De retour en France, lui à Angers, moi à Toulouse, les débuts sont un peu compliqués avec le premier confinement. Finalement, après deux ans d'amour, nous décidons de tout quitter pour aller vivre au Mexique.

Celles qui arrivent au bon moment

Il y a celles qui arrivent au bon moment. Ces rencontres qui font d'un coup de chance une véritable évidence. Celles qui offrent la pulsation à notre cœur. Celles qui arrivent à la bonne heure. Elles défient les probabilités pour laisser place à leur propre destinée.

Se rencontrer du bon pied

« Festival international des jeux, j'y vais pour faire une partie de jeu de rôle. Il s'occupe de distribuer les rafraîchissements. Je l'entends dire qu'il s'est fait des ampoules aux pieds. Sans réfléchir, je sors la boîte de patchs anti-ampoule de mon sac et lui donne. Il se retourne en entendant pester les autres joueurs à ma table.
Coup de foudre. »

MÉLISSA & GUILLAUME

3 ANS D'AMOUR

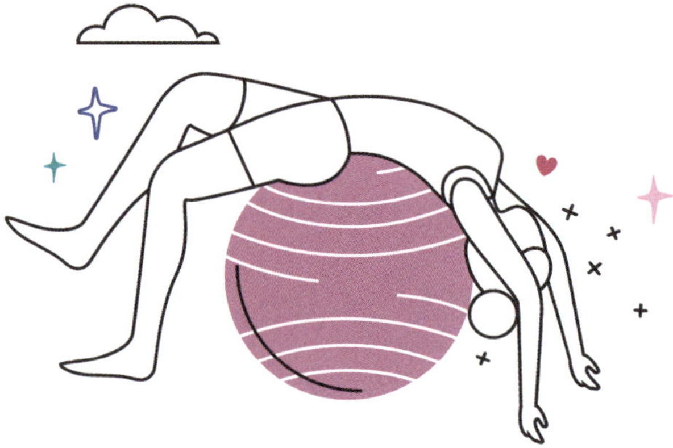

Kiné tente rien n'a rien

« À la recherche d'un nouveau kiné pour ma maladie chronique, je me rends sur Doctolib©. Je clique sur son nom en me disant qu'il a l'air sympa. Premier rendez-vous, il tente un exercice pour mon dos sur un ballon, la tête à l'envers. Ce qui me donne la nausée. Après cette séance, il pensait ne jamais me revoir. Et pourtant, je suis revenue. Après deux ans à se voir quotidiennement, nous sommes tombés amoureux. »

C & E

3 ANS D'AMOUR

Quand t'aides quelqu'un dans le besoin

« Il m'a sortie des toilettes de la fac.
Cela faisait trente minutes que j'étais coincée
dedans et que je hurlais. »

CINDY & ALEXIS

5 ANS D'AMOUR

la suite

Après une multitude de voyages, c'est à Montréal que nous décidons de poser nos valises. Je souhaite à chacun de rester enfermé dans les toilettes et de se faire délivrer par quelqu'un, peut-être que cette rencontre changera sa vie.

101 nuances de dalmatiens

« Mon chien est tombé amoureux de la chienne de la voisine. Chaque jour, il allait la voir dans le jardin d'à côté. Jusqu'au jour où il n'a pas voulu rentrer. Je suis allée le récupérer. Ce jour-là, c'est moi qui suis tombée amoureuse de la voisine. »

LÉA & MARION

4 ANS D'AMOUR

la suite

Il nous aura fallu neuf mois et quelques échanges timides pour s'avouer l'énorme bouleversement qu'a engendré notre première rencontre ! Quelques années plus tard, nous voilà désormais mariées et mamans de Loen, notre fils de bientôt 2 ans.

Quand tu refais surface

« Je le croise à un concert. J'ai un coup de cœur mais je ne fais rien. Je le revois trois semaines plus tard à cent kilomètres dudit concert, à mon travail, dans une grande surface. Je lui donne mon numéro et pars me cacher. Nous avons exactement la même date de naissance et, sans le savoir, je travaillais avec sa tante. »

JULIE & LOÏC

10 ANS D'AMOUR

Quand la partie de cache-cache dure dix ans

« Anniversaire d'une copine de collège, à peine arrivée, j'entends des mélodies au piano. Toute la soirée, il a joué dans la pièce d'à côté. Je ne l'ai jamais vu en sortir. Nous nous sommes retrouvés dix ans après, à une soirée chez d'autres amis en commun. Cette fois-ci, il ne s'est pas caché. »

ALICE & SEB

14 ANS D'AMOUR

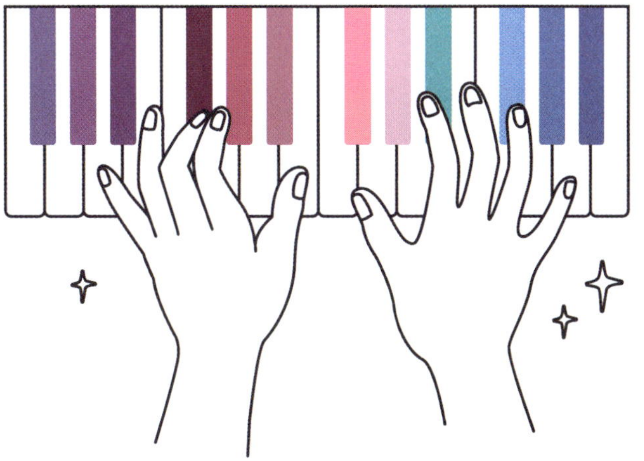

Vous avez un nouveau plan cœur

« Toutes mes copines avaient un plan pour la Saint-Valentin, sauf moi. Pour rigoler, elles en ont parlé à mon prof de fac. Il m'a dit que son fils était, lui aussi, seul le 14. Nous avons passé la soirée ensemble. »

LESLIE & FLORENTIN

12 ANS D'AMOUR

la suite

Cela fait désormais trois ans que nous sommes mariés et parents de deux enfants.

Quand tu trouves le numéro gagnant

« J'ai envoyé un SMS un peu coquin à une amie pour rire. Par maladresse, je me suis trompée dans les chiffres du numéro. Le message est arrivé à l'autre bout de la France, sur son portable. »

M & A

8 ANS D'AMOUR

Quand ta nuit porte réellement conseil

« J'ai rêvé d'un garçon de mon lycée à qui je n'avais jamais parlé. Sept ans plus tard, je reprends contact avec lui sur Facebook®. »

ÉLÉA & ÉTIENNE

3 ANS D'AMOUR

la suite

Première expédition un an plus tard, nous parcourons deux mille kilomètres à vélo en traversant plusieurs pays. À notre retour, nous décidons de sauter le pas pour vivre ensemble au bord de la mer.

Oh Marie, si tu savais, la pouponnière c'était stylé !

« J'ai rencontré mon copain le jour de notre anniversaire à la Journée Défense et Citoyenneté. Nous sommes nés le même jour, au même endroit, presque à la même heure, et avons passé notre première nuit ensemble dans la pouponnière de l'hôpital. Dix-sept ans plus tard, nous nous retrouvons à la même table pour cette journée. Le timing était parfait. »

MARIE & DORIAN

4 ANS D'AMOUR

Une rencontre à point nom-mé

« Depuis petite, je voulais garder mon nom de famille, même une fois mariée, et mon entourage le savait. Un jour, ma sœur me dit avoir rencontré un homme portant le même nom de famille que nous. Pour rigoler, je lui ai demandé sur Facebook® de m'épouser. Il a dit oui. Trois ans plus tard, c'est moi qui lui ai dit oui. »

MANON & NICOLAS

5 ANS D'AMOUR

Une rencontre qui a du sens

« Dans la rue, il me demande où se trouve un certain magasin. Je lui dis : “À gauche, là-bas”. Il part à droite. Quelques minutes plus tard, il revient sur ses pas en m’adressant un sourire en coin. »

ESTELLE & RENAUD

10 ANS D’AMOUR

la suite

Son sourire me fait tout plaquer : études, voyage de six mois prévu en Australie, pour aller vivre avec lui, après seulement trois mois de relation. Dix ans après, nous avons un petit garçon et allons nous marier.

HOME
TIME
14:12
GUEST
18
19

Et celles qui créent
la troisième mi-temps

Il y a celles qui créent la troisième mi-temps. Ces rencontres qui nous coupent le souffle. Celles qui nous sortent la tête du guidon. Celles qui battent des records, celles qui nous font vibrer encore plus fort. Elles sont le libre arbitre de nos envies pour gagner la course de la vie.

Plouf la rencontre !

« J'allais nager une fois par semaine à la piscine. Ce mercredi après-midi, il nageait dans la même ligne d'eau que moi. On s'est foncés dedans sans faire exprès. »

A & B

9 MOIS D'AMOUR

Quand t'es hockey pour tomber amoureux

« À la patinoire pour voir un match de hockey,
il y a trois mille personnes dans le public.
Nos regards se sont croisés et ne se sont
plus jamais quittés. »

JULIE & LAURENT
13 ANS D'AMOUR

Ça casse et ça passe

« Premier cours de judo, on nous
met toutes les deux ensemble.
Au bout de cinq minutes,
elle tombe et se casse le bras. »

LAURE & GENEVIÈVE
22 ANS D'AMITIÉ

Une rencontre manique-fique

« Jour J d'une finale de compétition de gym, le stress monte. Nous étions toutes les deux en file en route vers notre premier agrès. J'avais oublié mes maniques, elle aussi ! »

DOMINIKA & JULIE

6 ANS D'AMITIÉ

la suite

Un peu gênées, nous restons concentrées. Première à passer à la poutre, et très stressée, j'entends cette petite voix derrière moi me crier : "Allez Julie". Je souris ! Après la compétition, nous échangeons énormément par messages. Nous nous lançons des défis de gym par vidéo. À chaque " ting " de notification Messenger®, je souris, tout excitée ! Quelques mois plus tard, je l'invite chez moi. Nous partageons un entraînement dans mon club. L'été de cette même année, je pars une semaine en stage dans le sien. Notre amitié n'a fait que grandir naturellement durant cette semaine !

Nous deux contre le reste du monde

« Premier cours de sport de la rentrée, on part courir dans la nature. On traverse un champ, elle tombe. Tout le monde la regarde ou l'évite. Sauf moi, je l'aide à se relever et à marcher. »

CHLOÉ & MAÉ
5 ANS D'AMITIÉ

Sweat dreams are made of this

« Lors d'un stage d'escrime, je m'endors près de mon sac. À côté, il y a le sien. Je me suis réveillée avec son sweat en guise d'oreiller. »

C & F
2 ANS D'AMOUR

De l'apnée à la bouffée d'air

« En vacances en Corse, je décide d'aller faire un baptême de plongée. À la fin du cours, nous échangeons nos numéros. Nous avons eu notre premier rendez-vous, le soir même, sur la plage. »

P & S

2 ANS D'AMOUR

Une section de recherches évi-dent-e

« À la piscine, lors d'une roulade arrière, je perds un bout de dent en me cognant contre le rebord. Elle a enfilé ses lunettes de piscine et est partie à la recherche du bout perdu. »

JUSTINE & ADÈLE

20 ANS D'AMITIÉ

la suite

De Bordeaux à La Rochelle et de Paris à Barcelone, notre amitié brille toujours autant et encore plus fort : distance, confinements, rien ne nous arrête ! Des retrouvailles toujours aussi grandioses et festives nous attendent à chaque fois, dans n'importe quelle partie du monde. Cette année 2021 nous a permis d'être soudées encore plus et, aussi paradoxal que cela soit, de nous voir plus régulièrement malgré les mesures compliquées pour voyager. Qui aurait cru qu'un bout de dent cassé aurait pu changer le cours de nos vies ?

Quand t'es dans les starting-boxes

« Expatriée au Sénégal, je fais mon footing. Alors que je cours en haut d'une colline, je le vois, lui aussi, faire son sport. Après plusieurs footings à se croiser, on commence à se parler. Il est bissau-guinéen et est ici pour la même chose que moi : la boxe. »

MANON & LEANDRO

1 AN D'AMOUR

Celles qui toquent à notre porte

Il y a celles qui toquent à notre porte. Ces rencontres qui, d'une poignée de main, rendent nos matins plus sereins. Celles qui transforment un toit en nous. Celles qui apportent du beurre à nos mets et du sucre à nos cafés. Elles font de nos paliers un authentique lieu d'intimité.

T'as une belle chambre tu sais !

« Je vais visiter un appartement habité par deux garçons pour une colocation. Un seul est là, je le trouve lourd et sournois. Je me dis que je ne vais pas prendre cette coloc. Mais il ouvre la chambre de son colocataire et j'aperçois une bibliothèque remplie de livres que j'aime, du foutoir et un vélo. Je décide de revenir pour le rencontrer. »

CÉCILIA & ALINOÉ

5 ANS D'AMOUR

la suite

Nous nous retrouvons dans un bar pour aller boire un verre et c'est le coup de foudre ! Nous emménageons ensemble un mois après. Aujourd'hui, nous allons nous marier.

Et tu toques toques toques
c'est ta façon d'aimer

« Après milles déconvenues, je disais à toutes mes copines :
"Vous verrez, le prochain va toquer à ma porte."
Début juillet, un commercial vient chez moi pour les aménagements extérieurs. Il toque à ma porte alors qu'il y a une sonnette en plein milieu. Lors du rendez-vous, je tombe littéralement sous son charme. »

ORNELLA & STÉPHANE

1 AN D'AMOUR

Quand t'as du pot

« 21 h 30, un soir d'automne, soirée crêpes avec une copine, le pot de confiture refuse de s'ouvrir. Je sonne chez mon voisin pour demander de l'aide. Une semaine plus tard, c'est avec lui que je partage une soirée crêpes. Depuis, c'est lui qui ouvre tous les pots de confiture de la maison. »

M & J

2 ANS D'AMOUR

Quand les masques tombent

« En colocation avec d'autres personnes depuis quelques mois, nous nous retrouvons seuls un vendredi soir pour la première fois. Couvre-feu oblige, on cuisine ensemble puis on passe deux heures à danser le rock. Il l'avouera plus tard, j'étais une évidence dès la visite avec l'agence immobilière quand je l'ai accueilli avec mon masque sur le visage. »

MATHILDE & SYLVAIN

9 MOIS D'AMOUR

Quand tu perds pas l'nord

« Début de première année de fac, je pars dans une grande ville loin de chez moi et je me sens déboussolée. En regagnant mon logement, je vois un jeune étudiant au pied du bâtiment qui semble être dans la même situation que moi. Par soutien, j'engage la conversation. Il n'était pas déboussolé mais c'était mon voisin. »

ALICE & TIMOTHÉ

2 ANS D'AMOUR

la suite

Après cinq mois de voisinage intensif, un confinement et trois cents kilomètres d'écart, nos deux cœurs ne sont devenus qu'un.

La règle des Trois

« J'avais 9 ans lorsque ma mère m'annonce que nous allons avoir de nouveaux voisins, qu'ils ont des enfants et que je devrais aller les rencontrer. Nous passons trois ans à être amis. Nos chemins se séparent. Le hasard fait que l'on se retrouve trois ans plus tard. À l'époque de CaraMail®, il me demande si je veux sortir avec lui. On a 15 ans et je refuse car je suis choquée qu'il n'ose pas me le dire en face. Trois ans plus tard, nous passons l'été à discuter et il décide enfin de m'embrasser. »

FLORENCE & JULIEN

16 ANS D'AMOUR

Petit fou rire entre voisins

« Incendie dans l'appartement de ma voisine. Trois camions de pompiers et un immeuble évacué plus tard, je me rends compte que j'ai oublié mon briquet chez moi. Je vais donc demander du feu à mon voisin au beau milieu d'un incendie. Il s'est tapé un fou rire. »

MARION & THIERRY
15 ANS D'AMOUR

Quand tu sais filtrer les invités

« En soirée chez un ami, je vais prévenir les voisins qu'il y aura du bruit. Je tombe sur lui. Il vient à la soirée. Le lendemain, il nous ramène du café. »

N & T
1 AN D'AMOUR

Quand c'est la porte à côté

« Il a acheté son premier appartement juste derrière mon jardin.
J'avais 16 ans, lui 21. »

MORGANE & NICOLAS

10 ANS D'AMOUR

la suite

Après s'être couru après pendant un long moment, sans qu'il ne se passe jamais rien, nous nous croisons, un jour de juin, au détour d'une rue. Tous les deux gênés, je lui propose par politesse d'aller boire un café à la rentrée. Il me contacte le 1er septembre pour ce fameux rendez-vous. Mais c'est seulement trois mois plus tard que nous nous retrouvons autour d'une pizza. Je décide de le faire attendre quelques semaines. Et puis, un jour, j'ai un problème de lavabo. Comme il est du métier, je l'appelle pour lui demander de l'aide. Il est venu. Ce soir-là je suis tombée malade. Il a veillé sur moi toute la nuit… et toute la vie.

Un S.A.V. de qualité

« Janvier 2019, le pied dans une attelle, je rentre épuisée d'une longue journée et trouve mon appartement complètement inondé à cause d'une fuite chez le voisin du dessus. Une fois le problème réglé, il me propose un dîner d'excuses. Pendant plusieurs mois, les invitations s'enchaînent mais rien ne se passe. Et puis, à minuit, la veille de Noël, il est venu toquer à ma porte. »

C & L

3 ANS D'AMOUR

Qui aurait palié dessus ?

« Voisins depuis deux ans sans jamais se croiser, on se rencontre en rentrant de soirée. C'est le coup de foudre. »

TIPH & BELI

2 ANS D'AMOUR

Et celles qui divulguent de l'amour en stock

Il y a celles qui divulguent
de l'amour en stock. Ces rencontres
qui se soldent en éternité. Celles
qui barrent les codes. Celles qui font
rayonner nos vies, à n'importe quel
prix. Elles sont le ticket gagnant
d'un somptueux mélange d'ingrédients.

Les rétro-vailles de l'amour

« Veille de départ pour Lyon, on casse mon rétroviseur. Je vais donc en catastrophe au garage le plus proche de mon lieu de travail. Petit bricolage rapide, je dois y retourner la semaine d'après pour en installer un nouveau. Prise dans mon quotidien, j'oublie le rendez-vous. Quelques jours après, un nouvel employé du garage m'appelle. Je m'excuse pour l'oubli et reprends rendez-vous une semaine plus tard. Quand j'y retourne, je tombe nez à nez avec la personne que j'avais eue au téléphone. En plus d'avoir une jolie voix, il a une gentillesse et une bonté qui émanent de lui et, cerise sur le gâteau, il me plaît. »

MARIE-ÉLISABETH & MEHMET

10 MOIS D'AMOUR

la suite

Je lui donne les clefs et repars. J'appelle mon frère pour lui dire que je viens d'avoir un coup de foudre ! Malheureusement, au moment de récupérer ma voiture, je n'ose pas lui dire qu'il me plaît. Je finis par inscrire un petit message en référence à notre conversation du matin au dos de ma carte de visite. Je retourne au garage d'un pas décidé et lui donne. Il sourit. Deux jours plus tard, je reçois un message : « Est-ce que la carte de visite est à titre perso ou pro ? » Depuis, on est confinés ensemble.

Quand t'en connais un rayon sur l'amour

« Lors d'un job d'été dans un petit supermarché, je suis à la caisse. Il range les rayons. Il passe tous les jours à ma caisse pendant sa pause. Il finit par venir les dimanches matin alors qu'il ne travaille pas, prétextant acheter des stylos. »

JULIE & JOHANN

10 ANS D'AMOUR

Il a tout compris

« Je travaillais pour Bouygues®. Il est venu débloquer son téléphone car il passait chez Free®. Je ne voulais pas. Il a insisté. Je l'ai fait. »

CATIA & THOMAS

9 ANS D'AMOUR

la suite

Deux heures après, il me retrouve sur Facebook® avec mon simple prénom. Un mois plus tard, nous nous installons ensemble. Huit ans après, une demande en mariage. Neuf ans plus tard, nous nous marions et sommes parents d'un petit garçon.

Je t'ai dans mon super-viseur

« Il était superviseur, j'étais vendeuse dans le même magasin. Je ne l'aimais pas. Nos collègues communs nous ont invités à une même soirée. J'étais dégoûtée. Il m'a offert un verre. J'ai emménagé chez lui dans les jours qui ont suivi. »

LÎNA & DANIEL

5 ANS D'AMOUR

Je l'aime épicé tout

« Un dimanche à l'épicerie, je le croise et c'est le coup de foudre. Je tente de le draguer à travers plusieurs regards échangés, mais il n'est pas réceptif. Pourtant, il s'était passé quelque chose d'inexplicable. Après un avis de recherche lancé sur Facebook®, je le retrouve. J'ai appris plus tard qu'après mon passage au magasin, quand les clients lui ont demandé si ça allait, il a répondu : "Non, je viens de rencontrer la femme de ma vie et je l'ai laissée filer." Aujourd'hui, on s'apprête à se dire "oui". »

OLIVIA & SVEN

8 ANS D'AMOUR

Quand ça passe comme une lettre à la poste

« Il est venu acheter des timbres à la poste où je travaille. Je lui ai demandé s'il avait besoin d'autre chose. Il m'a répondu : "Oui, votre numéro !" »

MÉLANIE & AURÉLIEN
4 ANS D'AMOUR

Quand tu joues cartes sur table

« Il est passé devant mon magasin de fleurs en allant chez l'épicier. Il m'a regardée. Je l'ai regardé. Après ça, je l'ai vu aller très souvent chez l'épicier en passant devant ma boutique. Puis un jour, il s'est arrêté en voiture pour me donner sa carte. »

TATIANA & CÉDRIC
11 MOIS D'AMOUR

Une rencontre séduc'tif

« Je suis coiffeuse, et il vient se faire couper les cheveux trois jours avant la fin de mon CDD. Un an plus tard, je lui coupe les cheveux dans un autre salon de coiffure. Il me reparle de tout ce dont nous avions parlé la première fois alors que je n'avais aucun souvenir de lui. »

JULIETTE & YANN

12 ANS D'AMOUR

Une demande de numéro pas instantanée

« Après l'avoir aperçu à travers la vitre d'un Starbucks®, j'ai décidé d'y entrer pour prendre un café. Coup de foudre mutuel. Deux mois et quatorze cafés plus tard, il me demande enfin mon numéro. »

MARION & NICOLAS

3 ANS D'AMOUR

Une rencontre qui a supermarché

« Il y a quatre ans, je travaillais comme caissière dans un supermarché. Il était dans la rue et faisait la manche avec ses amis devant le magasin. Il passait à ma caisse, m'aidait à ramener les caddies, venait me chercher à la fin du travail. Un soir, je suis restée avec lui, il m'a embrassée et on ne s'est plus jamais quittés. »

JEANNE & STEEVE

4 ANS D'AMOUR

Celles qui donnent
un sens à nos nuits

– EXI

Il y a celles qui donnent un sens à nos nuits. Ces rencontres qui se mettent sur leur 31 pour défier nos lendemains matin. Celles qui nous enivrent de plaisir. Celles qui font « boum » dans nos cœurs. Elles arrêtent les heures sous les feux des projecteurs.

Quand tu trouves midi à 14 heures

« En boîte de nuit pour Halloween, je danse sur la piste lorsqu'un bel inconnu m'aborde en me disant : "Si j'avais une femme comme toi avec moi à tous les réveils, je serais certainement l'homme le plus heureux sur Terre." Après quelques échanges, un réel feeling se crée, mais je le perds dans la foule et quitte la soirée. »

A & A

2 ANS D'AMOUR

la suite

Prise de regrets, je me mets à le chercher activement sur les réseaux. Je trouve une photo de la soirée sur la page Facebook® de la boîte de nuit. Il y apparaît avec une fille. Grâce aux commentaires, j'identifie le profil de la personne qui l'accompagne. Je lui envoie un message privé pour lui demander si elle le connaît. Elle me répond que non. Un peu désespérée, je me dis que c'est tant pis pour moi. Et c'est là que se produit l'improbable. Quelques jours plus tard, je me réveille avec un message de ce garçon disant : « Une inconnue est venue m'aborder hier en me disant que tu me cherchais, je pensais être le seul à regretter de t'avoir perdue. » Elle l'avait recroisé dans la même boîte de nuit et lui avait parlé de moi.

Quand ta pote t'offre le dessert

« Il était directeur d'un restaurant dans lequel j'allais souvent déjeuner, je le trouvais très beau mais j'étais trop timide pour tenter quoi que ce soit. Une amie lui a laissé mon numéro de téléphone sur une serviette sans que je le sache. Il m'a envoyé un message l'après-midi même ! »

CAROLINE & COSTANZO

4 ANS D'AMOUR

Quand deux âmes se retrouvent

« Après un *afterwork* improvisé, nous décidons de continuer la soirée chez moi. L'un de mes collègues, et également mon ami, propose à sa petite copine de venir nous rejoindre. J'ai tellement entendu parler d'elle qu'il me tarde de la rencontrer. Coup de foudre amical, elle est devenue ma première amie post-Covid. »

L & A

1 AN D'AMITIÉ

Avoir mal au cœur pour trouver l'âme sœur

« Anniversaire chez une amie, je vomis sur sa pelouse. Un an plus tard, je rencontre un jeune homme sur une application de rencontres. La première chose qu'il me dit : "C'est pas toi qui vomissais dans le jardin de ma sœur pendant que je te lançais des boulettes de fromage l'année dernière ?" »

EMMAËLLE & RAPHAËL

1 AN D'AMOUR

Confi-dent-ce pour confi-dent-ce

« Fin d'un festival, complètement bourré, je lui demande si elle se démarque des autres filles à sa manière de se brosser les dents. »

LAURA & JÉRÉMY

7 ANS D'AMOUR

la suite

Une vie commune sublime sous le même toit à Strasbourg, plusieurs relations à distance, et un splendide voyage en Amérique latine, elle m'a fait vivre les sept plus belles années de ma vie.

Chassez l'amour, il revient au galop !

« Il m'a demandé mon numéro de téléphone dans le bar où je travaillais. J'ai refusé de lui donner. Deux mois plus tard, on s'est retrouvés voisins de palier. »

AURÉLIE & AURÉLIEN
4 ANS D'AMOUR

Quand tu montes sur tes grands chevaux

« J'étais en féria lorsqu'un grand me pousse. Je me retourne vers lui et dis : "Ce n'est pas parce qu'on est grand qu'on a le droit de pousser les plus petits." »

CHLOÉ & THOMAS
3 ANS D'AMOUR

Une évi-danse

« Le jour de mon anniversaire, je pars avec une bande de copains le fêter en boîte de nuit. Le temps des *slows* arrive et j'ai pour habitude de ne les danser qu'avec mes amies. Il est arrivé face à moi, avec une allure tellement banale que je ne l'avais même pas remarqué. Il m'a dit : "Tu danses ?" À ce moment là, j'ai entendu une petite voix dans ma tête me dire "Ne le laisse pas partir". Alors j'ai dit oui. »

ISABELLE & DAMIEN

27 ANS D'AMOUR

Yeux disent c'est une bam

« En festival, il m'a poussée pendant le concert de Lomepal. Je l'ai fusillé du regard. Puis on a chanté toutes les paroles par cœur et on ne s'est plus jamais quittés. »

LOUISE & ROBIN
2 ANS D'AMOUR

Quand les apparences ne sont pas trompeuses

« Une soirée à thème chez une amie commune, elle est déguisée en Laëtitia, moi en Johnny Hallyday. Ce soir-là, une braise a allumé le feu en nous. »

JULIE & MARTIN
3 ANS D'AMOUR

Une soirée choc à pic

« À une soirée d'Halloween où j'étais invitée, il avait le déguisement le plus pourri de toute la soirée mais c'était définitivement le plus beau. »

MARGAUX & ANTOINE

5 ANS D'AMOUR

la suite

Passé le choc du déguisement, le coup de foudre se confirme bel et bien. Après trois ans de relation à distance et beaucoup d'allers-retours en train, il me rejoint finalement à Paris. Nous nous sommes pacsés cette année.

I know you want moi, you know I want toi

« Je m'incruste à une soirée Erasmus avec une copine. Je commence à discuter avec un Italien. On flirte un peu. Ma copine a envie de rentrer se coucher. Elle l'attrape par le bras et lui dit : "Bon tu vas kiss her ou not ? I want to go dormir." »

F & C

6 ANS D'AMOUR

Tu speak vraiment bien English for a Maltais

« Assis à la même table d'un mariage d'amis expatriés à Malte, je lui dis en anglais qu'il parle drôlement bien français pour un Maltais. Il était de Cannes. »

C & JC

10 ANS D'AMOUR

Une rencontre fa-bulle-use

« J'étais invitée à un anniversaire où je ne connaissais quasiment personne. Il était assis en face de moi. Il s'est moqué lorsque j'ai secoué mon Coca© pour enlever les bulles. »

F & D

4 ANS D'AMITIÉ

3 ANS D'AMOUR

Quand tu ne l'oublies pas, non, jamais

« À une soirée, je flirte avec le frère d'un ami que je rencontre pour la première fois. Au moment de rentrer chez moi, je lui vole un baiser avant de partir en voiture. Je n'ai pas de nouvelles le lendemain. Je le retrouve sur Facebook® et lui envoie un message pour m'excuser pour le baiser volé si ce n'était pas ce qu'il souhaitait. Il m'apprend qu'il avait demandé mon numéro à son frère juste après que je sois partie. Mais c'est une autre Céline qui a été bombardée de messages. Il ne comprenait pas que je ne réponde pas. »

CÉLINE & RÉMY

10 ANS D'AMOUR

Et celles qui nous sortent des mauvais jours

Il y a celles qui nous sortent des mauvais jours. Ces rencontres qui nous tendent la main lorsque nos bras sont baissés. Celles qui sèchent nos larmes lorsque la vie nous désarme. Elles apportent à notre solitude un sublime interlude.

Quand on lit tes mots pour soigner tes maux

« Assises l'une à côté de l'autre dans un bus, elle a lu la lettre que j'étais en train d'écrire par-dessus mon épaule. Une lettre de désespoir et de souffrance profonde. Elle m'a demandé si j'avais besoin d'aide. Nous avons passé le reste de la journée ensemble. »

S & J

7 ANS D'AMITIÉ

Pas de panique à bord, le fun et les rencontres d'abord

« On était perdues dans les couloirs du lycée.
On s'est retrouvées devant un plan du bâtiment,
toutes les trois à moitié en panique. »

INÈS, MARINE & CHARLOTTE

4 ANS D'AMITIÉ

Quand tu la veux dans ton équipe

« Au spectacle de la chorale du collège,
elle est sortie en pleurs, pensant avoir mal chanté.
Je suis allé la rassurer. »

PAULINE & MARTIN

20 ANS D'AMITIÉ

Quand tu craies des rencontres

« Maternelle, séance de dessin à la craie dans la cour,
je pleurais car je n'avais pas de craie de couleur.
Sa petite main m'en a tendu une. »

JEANNE & MARIE

22 ANS D'AMITIÉ

Quand tu tombes dans de beaux bras

« Il m'a croisée sur un banc en vacances alors que je pleurais à cause de mon ex. Sans me connaître, il m'a prise dans ses bras et m'a dit qu'un jour je trouverais beaucoup mieux. »

MARIE & SIMON

5 ANS D'AMOUR

la suite

Après une semaine à se découvrir, nous officialisons et passons le reste de nos vacances ensemble avant que chacun ne doive repartir dans son petit coin de France. Six cents kilomètres nous séparent pendant trois ans, notre histoire d'amour est ponctuée par des retrouvailles, des au revoir et des FaceTime®. Finalement, deux ans après, nous nous retrouvons dans la même ville et disons définitivement adieu à nos au revoir habituels. Mon amour d'été est finalement devenu l'amour de ma vie.

Wonder woman, enchantée !

« Elle se faisait harceler au lycée. Je détestais voir ça, je suis allée lui parler. »

LÉA & PAULINE

4 ANS D'AMITIÉ

Quand tu mets le paquet

« 2011, je viens de vivre une aventure humaine extraordinaire sur un chantier "Tous ensemble", l'émission diffusée sur TF1®. À la fin du tournage, je pleure toutes les larmes de mon corps. Un garçon croisé sur ce chantier me tend un mouchoir. Je lui dis : "Tu veux que je fasse quoi avec un seul mouchoir ?" Il m'a donné le paquet. »

HELEN & RENAUD

10 ANS D'AMOUR

Celles qui nous scotchent au plafond

bam
TO DO

Il y a celles qui nous scotchent
au plafond. Ces rencontres
qui font d'une collaboration une
délicieuse association. Celles
à durée caféinée qui créent
des rendez-vous journaliers.
Elles émiettent les disquettes
et arrachent la moquette.

Un accueil de qualité

« Fraîchement engagée dans mon nouveau travail, je rencontre le graphiste qui me dit : "C'est toi qui vas me faire chier maintenant avec les réseaux sociaux ?" »

AMANDINE & YANN

2 ANS D'AMOUR

la suite

Après six mois de complicité et de regards échangés, nous décidons de nous mettre ensemble deux semaines avant le premier confinement. C'est lors d'une réunion Zoom® que nos collègues découvrent que nous sommes confinés ensemble. Je ne reviens plus chez moi, et je m'installe définitivement avec lui.

Quand tu prends de la hauteur

« Il m'a accueillie à la sortie de l'ascenseur du 26e étage d'une tour de la Défense. J'ai dit : "Bonjour, je suis la nouvelle stagiaire." »

COLINE & FLORENT

8 ANS D'AMOUR

Quand il n'y a pas photo

« C'était le fils de ma collègue. Je voyais des photos de lui dans son bureau et lui disais pour rigoler : "Ton fils, c'est l'homme de ma vie." »

ALINE & MATHIEU

8 ANS D'AMOUR

Quand tu rencontres la réponse à tes questions

« Je l'ai interviewée pour un magazine. J'ai les premiers mots échangés sur une cassette de dictaphone. Depuis, la conversation ne s'est plus jamais arrêtée. »

SALOMÉ & JULIEN

12 ANS D'AMOUR

Quand tu te prends pas le chou

« Rencontre au travail, je suis allée lui demander si la fameuse choucroute de sa maman, dont tout le monde parlait, était bonne. »

CORALINE & MICKAËL

3 ANS D'AMOUR

la suite

Après quelques mois de transit entre son appartement et la maison de mes parents, c'est en revenant de nos premières vacances que je décide de ne plus retourner chez moi. Trois ans et demi après, nous sommes toujours ensemble avec des projets communs plein la tête.

Les calculs étaient finalement bons

« À la cantine du travail, je le vois pour la première fois mais on ne se calcule pas du tout. Il me remballe dès que j'essaye d'être sympa avec lui. Trois ans plus tard, il me demande en mariage. »

ESTELLE & BENOÎT

5 ANS D'AMOUR

Petits secrets à la maison de retraite

« Il rendait régulièrement visite à sa grand-mère à la maison de retraite où je travaillais. À force de se croiser, on s'est remarqués, puis rencontrés. Un jour, il est sorti de l'ascenseur avec elle, alors que j'allais y entrer. En me voyant, elle me dit : "Oh, Clothilde, regarde ! C'est Mathieu, mon p'tit fils ! Vous avez le même âge !" Sans savoir que nous sortions déjà ensemble en secret. »

CLOTHILDE & MATHIEU

4 ANS D'AMOUR

L'appel du cœur

« J'ai 23 ans, vers 11 heures, je reçois un appel qui me réveille. C'est pour un entretien d'embauche. Le rendez-vous est pris pour le lendemain et je suis embauché dans la foulée. Je rencontre ma cheffe. Après deux mois à se tourner autour, nous allons au restaurant le soir de la Saint-Valentin. »

B & V

16 ANS D'AMOUR

Quand la place est libre

« On s'est rencontrés au travail. Je venais d'arriver, il revenait d'arrêt maladie après une chute à moto. Je lui ai demandé si sa chérie s'était bien occupée de lui pendant sa convalescence. Il m'a répondu : "Je n'ai pas de chérie." »

J & S

4 ANS D'AMOUR

la suite

Je sais de suite qu'il est le bon. Tout se fait naturellement et sans se poser de questions. Il me fait découvrir la moto, j'adore et je passe mon permis. Quatre mois après le début de notre relation, nous partons en vacances. Puis, nous emménageons ensemble en fin d'année, tout juste avant Noël. Et nous voilà quelques années plus tard avec notre propre maison, nos deux amours de staffies et la tête pleine de projets.

Van-essa fait une rencontre moti-Van-te

« Septembre, des nouveaux collègues arrivent à la compagnie. En déplacement à Paris, je vais boire un café avec un collègue qui propose à un des nouveaux de nous accompagner. Il se présente à nous comme un trentenaire, en coloc, avec pour souhait de poser une dispo pour faire le tour du monde en van. Mon collègue se tourne vers moi pour me dire : “Oh ! Un comme toi.” J'ai 30 ans, et je veux poser une dispo pour faire le tour du monde. »

VANESSA & MESSID

8 MOIS D'AMOUR

Quand t'as pas froid aux yeux

« Ma collègue du bureau d'en face avait froid. Je pensais qu'il venait réparer le chauffage, mais en fait c'était la clim. Après un échange rempli de quiproquos, il en conclut que : "De toute façon on ne se comprend pas." Il est revenu le lendemain, on s'est un peu mieux compris, on s'est beaucoup croisés. Il a timidement fait allusion au fait de se revoir mais quand j'ai eu le déclic, il n'était plus là. Je l'ai retrouvé sur le parking et lui ai proposé mon numéro de téléphone que j'avais noté sur un bout de papier. Après lui avoir donné, je me suis enfuie au plus vite. Il m'a écrit le soir même. »

CÉLINE & NICOLAS

2 ANS D'AMOUR

Quand tu fais replay dans la vraie vie

« Premier jour de travail, je lui demande où je dois me présenter. Il me répond : “Pardon ?” juste pour entendre à nouveau le son de ma voix. »

LÉONIE & JEAN-MARC

13 ANS D'AMOUR

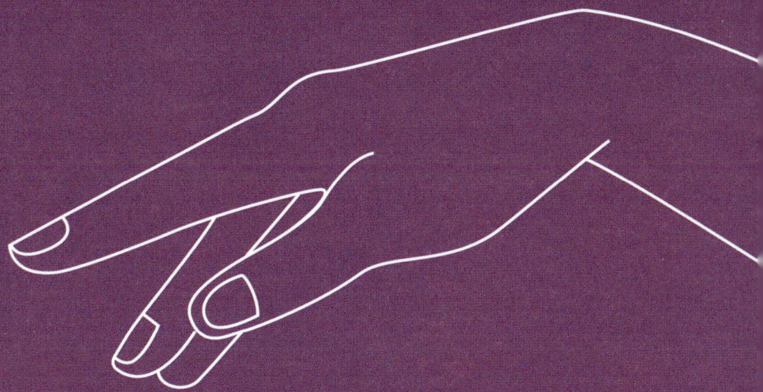

Et celles qui font tomber
les masques

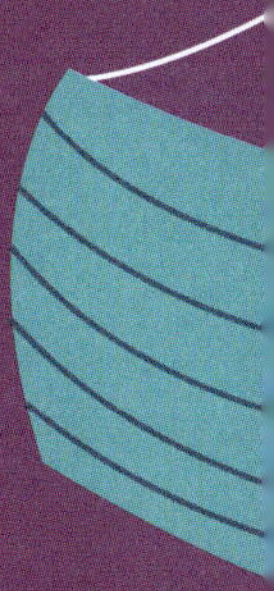

Il y a celles qui font tomber les masques. Ces rencontres qui sourient avec les yeux. Au couvre-feu, elles ouvrent les cœurs. Aux jours confinés, elles libèrent les peurs. Elles résistent, elles prouvent qu'elles existent.

En mai, embrasse celui qui te plaît

« Quatorze ans après un baiser en boîte, il me recontacte pendant le confinement. On s'embrasse à la sortie, le 12 mai. Depuis, on s'est reconfinés ensemble. »

A & M

1 AN D'AMOUR

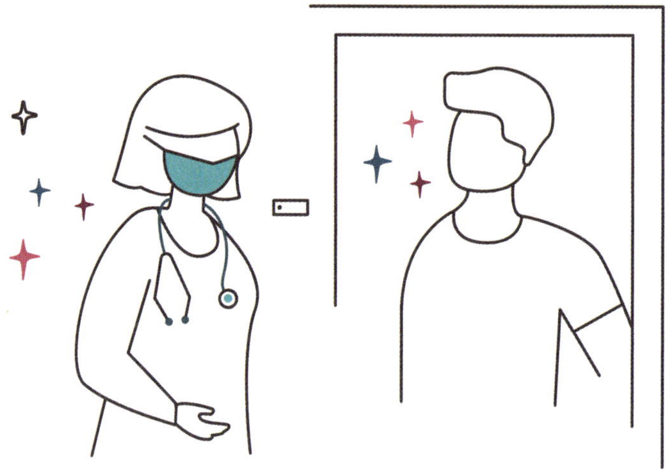

Voir l'amour à sa porte

« Pendant le confinement, j'ai continué à travailler durement. Infirmière libérale, je prends en charge un nouveau patient. J'arrive chez lui, masquée. C'est son cousin qui m'ouvre la porte. Il ne peut voir que mes yeux, et moi je ne vois que son sourire. Aujourd'hui, c'est ensemble que nous sommes confinés. »

ÉLISE & FARIVAR

1 AN D'AMOUR

Quand tu fais bonne impression

« Cette année, je ne suis jamais allée plus de deux semaines de suite à la fac et je n'ai pas eu le temps de tisser des amitiés. Un matin de partiels, après une nuit blanche, dans le train de 5 h 50, je consulte le groupe WhatsApp® de la fac pour m'assurer que tout va bien. Les étudiants préviennent : "Si vous oubliez vos attestations, vous ne passerez pas les épreuves." Mince. Je n'ai pas imprimé la mienne. Je demande à ce groupe d'anonymes s'il y a des alternatives. Ils sont formels : je suis disqualifiée... Mais bam ! Je reçois un message d'un numéro inconnu qui me dit : "T'inquiète, moi je te l'imprime !" Je lui donne mes identifiants et on se rencontre devant la fac. Elle était belle. C'était ma première amie de fac. »

YASMINE & MANON

8 MOIS D'AMITIÉ

Toujours +

« Confinement mars 2020, je like son commentaire hilarant sous un post Instagram® de Disney+®. Une minute plus tard, je reçois un DM : “Pourquoi tu likes mon commentaire ?” Nous nous sommes vus après quatre mois de discussions non-stop. Ce fut le coup de foudre. »

MARION & HUGO

1 AN D'AMOUR

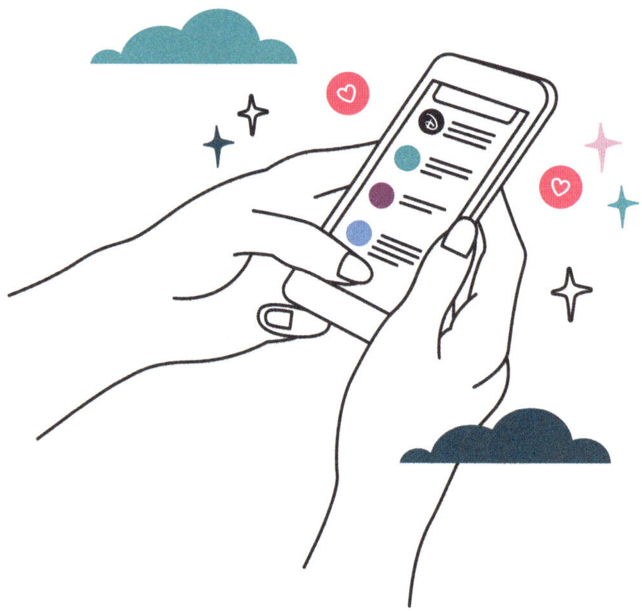

Une rencontre garantie papillons dans le ventre

« Braquage de ma voiture pendant le confinement,
je décide d'aller en acheter une nouvelle.
L'offre n'était pas intéressante,
le concessionnaire, si. »

M & M

I MOIS D'AMOUR

Réchauffer les cœurs et trouver l'âme sœur

« Premier jour du confinement, on maraude ensemble avec les Restos du cœur. Aujourd'hui, on travaille ensemble au Samu social de Paris et on habite ensemble. »

MAGALI & VINCENT

I AN D'AMOUR

Élargir ses horizons pour tomber sur le bon

« Mars 2020, un jour de confinement, Tinder® nous offre la possibilité d'être partout dans le monde. Je décide de me positionner dans mon pays d'origine. Je tombe sur son profil, c'était une évidence. Je le savais quand j'ai vu sa photo. »

I & S

I AN D'AMOUR

la suite

Neuf mois plus tard, les frontières avec mon pays d'origine ouvrent enfin pour quelques vols. J'ai le ticket d'or entre les doigts. Dès le lendemain, c'est avec la boule au ventre et la gorge complètement nouée que je vais au rendez-vous avec LE garçon. Ce que je savais déjà se concrétise en une demi-seconde. Nous ne pouvons plus nous passer l'un de l'autre.

Quand ça commence sur une note positive !

« Deux jours après notre premier date, nous sommes testés positifs au Covid. Il l'avait attrapé au boulot et me l'avait refilé. Pas encore en couple, je lui propose donc de se confiner chez moi. Il accepte et dépose ses sacs pour le week-end. Finalement, il n'est plus jamais reparti. »

R & S

1 AN D'AMOUR

Allez viens, on est bien bien bien bien bien

« Infirmière en EHPAD, nous voilà partis pour dix jours de confinement interne sur l'établissement à cause du Covid. Nous avons un endroit à deux minutes pour dormir, avec un espace pour chacun. Fatigue, management compliqué, fou rire, bonne ambiance, pleurs, épuisement, apéros, je me rapproche de lui. Si bien qu'un soir, allongée dans mon lit, et après beaucoup de messages échangés, le dernier de sa part est un "Venez". Le cœur prêt à exploser, j'y suis allée. »

ÉLISE & FRED

1 AN D'AMOUR

Love at the first match

« 17 mars 2020, après quatre ans et demi de célibat, le confinement s'annonce bien long. Les applications de rencontres dorment dans mon téléphone depuis des mois et je n'ai jamais osé discuter avec qui que ce soit. Mais cette fois je me lance et me dis : "Le premier qui m'écrit, je lui réponds." Ce jour-là, il a été le premier à m'écrire. On s'est rencontrés le 12 mai et nous avons emménagé ensemble deux mois plus tard. »

LAURA & ANTONIN

1 AN D'AMOUR

Nez pour s'aimer

« Mars 2020, je rentre en France après quatre ans de vie à l'étranger. Je fais un rêve étrange dans lequel on me dit que je suis attendue au Maroc pour y retrouver une âme sœur, et qu'il me sera facile de le reconnaître : il a un très long nez. Quelques jours plus tard, en plein confinement, je suis sur Instagram et tombe par hasard sur une série de photos prises au Maroc. Parmi tous les portraits, je le reconnais. C'est lui. J'entre en contact avec lui. Après sept mois à parler, je pars le retrouver sur son continent. Aujourd'hui, nous allons nous marier. »

LAURA & FAIÇAL

1 AN D'AMOUR

Un amour de près ou de loin

« Nous étions en Australie au même moment, mais pas sur la même côte. Nous discutions sur les réseaux sociaux et prévoyions de nous rencontrer là-bas. Covid, confinement et voyage écourté, nous sommes contraints de rentrer chez nos parents. Mais le retour a pris une tournure bien plus intéressante lorsque j'ai découvert qu'il habitait à seulement dix minutes de chez moi. »

C & K

1 AN D'AMOUR

la suite

Après ce cadeau du destin, nous entretenons une relation à distance entre Nice et Montpellier dans le cadre de nos études. Ni les confinements, ni les couvre-feux n'altèrent l'amour et la passion que nous vivons au quotidien. Notre histoire dure toujours, plus forte et solide que jamais.

Paris gagné !

« Je suis partie voyager avec ma meilleure amie en Amérique latine. Pandémie oblige, nous rentrons précipitamment en France. Notre avion atterrit à Paris, à six cents kilomètres de chez nous sans train ni hôtel. Une connaissance nous héberge quelques jours en attendant un train. C'est là que je rencontre son colocataire. Nous restons confinés deux mois tous ensemble. Je ne l'ai plus jamais quitté et je vis maintenant à Paris. »

JULINE & ROMAIN

1 AN D'AMOUR

Un amour sans frontière

« Une amie m'a fait intégrer un groupe de discussion Instagram®
pour les jeunes qui souhaitaient échanger pendant le confinement.
C'est là que je l'ai rencontrée. Un soir, on s'ennuyait donc on a discuté.
De fil en aiguille, nous avons appris à nous connaître malgré
la langue et la distance. »

INDIA & STANISLAS

1 AN D'AMOUR

Celles qui démarrent en un clic

It's a match !
Call me maybe
bam

Il y a celles qui démarrent en un clic. Ces rencontres qui d'une invitation provoquent une réelle interaction. Celles qu'on commente, qu'on aime et qu'on partage. Celles qui narguent les usages. Elles transforment un quelconque message en un fabuleux présage.

La la langue

« Inscrite sur une application d'échanges linguistiques, je décide d'aller lui parler. Son objectif : améliorer son français. Sa photo est filtrée en mode croquis de dessin et je ne fais pas attention à son profil. Lui, si. Il me fait remarquer qu'il ne correspond pas trop à mes critères de tandem linguistique qui permettent de maximiser les chances d'avoir des centres d'intérêt commun.
J'ai 38 ans et je précise vouloir échanger avec des personnes entre 35 et 45. Il en a 28. »

MARIANNE & BADR

2 ANS D'AMOUR

De la Réunion à la pause déj'

« On se rencontre sur Tinder®. Trois jours après le premier rendez-vous et le premier bisou, je suis partie à l'île de la Réunion pendant quatre mois. Il m'a attendue. »

FANNY & JEAN

4 ANS D'AMOUR

la suite

On se retrouve autour d'une flammekueche. Quatre ans après, un appartement et un petit lapin plus tard, nous sommes plus heureux que jamais !

Quand tu penses être Copains d'avant® mais que t'es Dory

« Il m'a envoyé une invitation sur Facebook® en pensant retrouver une amie du collège. Je ne le connaissais pas mais il ne me croyait pas. Il m'a donc proposé d'aller boire un café. J'y suis allée. »

CHRISTELLE & NICOLAS

12 ANS D'AMOUR

Une rencontre qui wizz

« Je l'ai rencontrée pour la première fois par webcam sur MSN®. »

ROMANE & BEN

12 ANS D'AMOUR

la suite

Après trois ans d'amitié, je prends mon courage à deux mains et lui glisse une lettre dans son sac à main. Le soir même, elle est venue me voir pour me demander qui était la fille magique dont je parlais dans cette lettre. Je lui ai dit que c'était elle.

Destinés à s'aimer

« Nous avions 3 ans lorsque nous nous sommes rencontrés pour la première fois. Nous étions inséparables, il était mon meilleur ami.
Un jour, il change d'école, et on se perd de vue. Dix-sept années plus tard, je le retrouve sur les réseaux sociaux et je décide de lui écrire un message en lui demandant s'il se souvient de moi. À ma grande surprise, lui non plus ne m'a pas oubliée. On se revoit, un soir d'été, et on tombe amoureux. »

JEN & JOHN

1 AN D'AMOUR

Et j'ai crié, crié, Élise, pour qu'elle revienne !

« Inscrite sur un site de rencontres, je flashe sur cet homme dont le profil transpire la timidité mais avec un charme fou. Je décide de ne pas lui écrire tout de suite. Mais je tombe gravement malade et ne reviens sur l'application qu'en septembre. Il m'avait écrit en juin. Je décide tout de même de lui répondre, comme une bouteille lancée à la mer avec peu d'espoir. Il m'avouera, plus tard, avoir gardé son profil en ligne dans l'espoir que je lui réponde et qu'il était sur le point de renoncer. »

ÉLISE & RÉMY

1 AN D'AMOUR

Tu m'as tuché dans le cœur

« On a matché trois fois sur Tinder® avant de s'écrire. Il a commencé la conversation par : "Tu peux matcher une fois avec une belle blonde mais pas quinze..." Ce à quoi j'ai répondu : "Tu peux matcher deux fois avec un beau brun mais pas quinze." »

C & A
2 ANS D'AMOUR

Quand Cupidon s'achète un agenda

« 13 février, la Saint-Valentin est imminente. Je discute depuis quelques jours avec un garçon sur Tinder®. Nous sortons boire un verre, ça matche ! Le courant passe tellement bien que, quelques heures après s'être quittés, nous nous rejoignons à une soirée pour célibataires. Nous échangeons notre premier baiser, à minuit passé, le 14 février. »

CAMILLE & NICOLAS
3 ANS D'AMOUR

Les liaisons presque dangereuses !

« Suite à un bug Tinder®, je matche avec elle alors qu'elle habite à Nice et moi à Paris. On prévoit de se voir, je prends un billet d'avion mais le confinement de mars 2020 arrive. On s'écrit des mails de plus en plus longs jusqu'à juin. Quand la restriction est levée, je descends à toute vitesse vers Nice pour la voir. Elle ouvre sa porte et c'est le premier bisou. »

DARIA & LAURENT

1 AN D'AMOUR

Quand personne peut te détrôner

« Premier rendez-vous Tinder®, tout a raté : séance de cinéma loupée. Au bar privatisé, les vigiles ne nous laissent pas rentrer. On est finalement allés au Burger King© et on ne s'est plus jamais quittés. »

SOPHIE & MEHDI

3 ANS D'AMOUR

Everything *happn* for a reason

« Je suis tombée sur un post Instagram® de Bam la rencontre qui racontait qu'une personne avait trouvé l'amour sur happn®. J'ai téléchargé l'application sans grande conviction. J'ai liké un seul garçon. »

G & M

5 MOIS D'AMOUR

Quand t'es la reine du meeting

« Je me suis inscrite sur un forum dédié à Marie-Antoinette. Heureuse, car je croyais être la seule à être passionnée par la reine. C'est lui qui avait créé le forum deux ans plus tôt. »

VICTORIA & FLORENT

10 ANS D'AMOUR

Du pain de mie pour ma mie

« Je lui envoie un message sur Bumble® pendant un *afterwork*. Il me propose de pique-niquer au jardin des Tuileries comme tous les restaurants sont déjà fermés. On passe les trois jours suivants ensemble. »

LOUISE & PAUL

1 AN D'AMOUR

la suite

Malheureusement, nos chemins se séparent le lendemain de l'annonce officielle du confinement. Je me confine chez ma mère et lui retourne chez ses parents. Dans le RER, il me demande ce que nous allons devenir. Je lui dis que je ne verrai personne d'autre. Il me répond que lui non plus ne souhaite voir personne d'autre. Après s'être parlé tous les jours pendant le confinement, nous passons les deux suivants ensemble. Le hasard fait bien les choses puisque je dois retourner à Londres pour mes études. Lui, avait signé un CDI à Londres avant que l'on se rencontre.

Ainsi soit île

« Nous nous écrivons une nuit d'octobre sur Tinder®.
Je me réveille avec un sourire qui en dit long.
On se voit. Je lui parle de mon projet de partir habiter
en Guadeloupe. Il explose de rire ! J'ai peur.
Magie de la vie : il vient de vendre sa maison et envisage
aussi d'habiter en Guadeloupe ! Un mois plus tard,
nous avons acheté ensemble notre billet d'avion. »

CAMILLE & BENJAMIN

10 MOIS D'AMOUR

Tendresse à Grande Vitesse

« Une rencontre virtuelle. Une envie de se voir
et de se sentir. Un billet de train acheté.
Un baiser inoubliable à la gare
un matin de décembre. »

T & J

7 ANS D'AMOUR

Quand tu trouves ta Madeleine de Proust

« Un site de rencontres, une photo de profil
sur la plage de mon enfance aux Caraïbes,
et plein de points communs. »

CHARLÈNE & CLOVIS

1 AN D'AMOUR

Tel est pris qui croyait ne pas prendre !

« Après s'être matchés sur Tinder®, nous réalisons qu'il a déjà visité l'appartement dans lequel je viens tout juste d'emménager. Il n'avait pas voulu le prendre. Finalement, il a très vite changé d'avis. »

CAMILLE & BENOÎT
4 ANS D'AMOUR

La passion qui confirme la règle

« Je le découvre via un site de rencontres grâce à une passion commune : la moto. Premier rendez-vous, le début d'une amitié de deux ans. Jusqu'à ce que je me rende compte que c'est lui et pas un autre. Je lui partage mes sentiments. Il m'avoue que ça fait deux ans qu'il attend ce moment. »

LAURIE & KRISTEN
1 AN D'AMOUR

Quand la vie a un plan !

« Il y a cinq ans, à la suite d'un match sur un site de rencontres, on se parle pour la première fois. Je pars faire mes études à Poitiers, lui est à Bordeaux. On arrête de se parler sans s'être vus. Cinq ans plus tard, je retourne sur cette application, je vois sa tête, je like, ça matche. On recommence à discuter. Il m'annonce qu'il a trouvé un job dans une petite ville depuis début janvier, sans savoir que j'y habite depuis maintenant deux ans. »

LUDIWINE & GUILLAUME

7 MOIS D'AMOUR

Envoies lui un <3
Embrasses ton crush
Cap ou pas Cap ?

Et celles qui donnent le déclic

Il y a celles qui nous donnent
le déclic. Ces rencontres qu'on
entreprend pour ne pas laisser
le hasard en faire autrement.
Celles qu'on provoque d'une manière
loufoque. Celles qui nous rendent
audacieux. Elles débutent sur
une note d'improbabilité mais
en font une parfaite symphonie.

Quand t'es à Lay's® !

« Devant le buffet à une soirée, il me dit que
je mâche mes chips hyper fort.
Je lui en écrase une poignée
sur le visage. »

JULIETE & JEAN
2 ANS D'AMOUR

la suite

Il m'embrasse au milieu de la bataille de chips. On rentre ensemble et on ne se quitte plus. Dix mois plus tard, il me demande en mariage.

Qui ne tente rien n'a rien

« En camping, j'ai installé ma tente trop près de sa caravane pour avoir de l'ombre. Il m'a engueulée. »

CÉLIA & ALEXIS

9 ANS D'AMOUR

Ménage à deux, amour heureux

« C'était la femme de ménage de mes parents. Je faisais le ménage à sa place pour qu'on discute. »

ANGÉLIQUE & DAVID

4 ANS D'AMOUR

Genou from the block !

« Après une opération, je dois aller quotidiennement en centre de rééducation, transportée en ambulance. Le troisième jour, l'un des ambulanciers me plaît. Le lendemain, ce n'est pas lui qui vient me chercher. Dans un élan de courage, je me résous à lui écrire un message pour lui avouer ma déception. Nous nous écrivons toute la journée. Le soir, il m'appelle pour me dire qu'il n'est pas loin de chez moi et me propose de venir faire sa pause avec moi. Lui, moi et mon genou en miettes avons marché dans le quartier pendant deux heures en pleine nuit. »

M & J

9 ANS D'AMOUR

Quand c'est quitte ou double !

« Un soir, chez mon meilleur ami, je décide de lui piquer son téléphone. J'envoie une photo de mon double menton à tous ses contacts. Ils m'ont tous prise pour une folle, sauf lui. Il m'a renvoyé une photo de son double menton. »

LÉNA & BAPTISTE

2 ANS D'AMOUR

Quand tu l'aimétro

« Je swipais sur Tinder® dans le métro. Elle était à côté de moi et m'a dit :"Ça ne te dit pas de me matcher en vrai ?" »

L & P

1 AN D'AMOUR

Tout le monde veut prendre sa glace

« Jour de mon anniversaire, je vais à la plage. Sur le chemin du retour, je me rends directement chez mon glacier préféré, pour qui je commence à être familière. Il est en train de fermer et un jeune homme essaie de négocier une dernière glace. Profitant de mon statut de cliente privilégiée et du fait que ce soit mon anniversaire, le gérant accepte de m'en faire une. Alors je lui en prends deux et en offre une à ce jeune homme. Nous avons dégusté notre glace ensemble. »

A & E

6 MOIS D'AMOUR

Une rencontre sans faux-semblant

« Lors d'un séjour à Paris pour le boulot, je loge chez des amis, dans un squat artistique du 13e arrondissement. Au cours d'une soirée organisée pour le public, on me présente un garçon qui s'occupe de la scène ouverte. En fin de soirée, ce garçon monte sur scène, sort sa guitare et saoule tout le monde en chantant faux ! Je me lève et lui offre une bière pour qu'il arrête le massacre. Nous discutons jusqu'à 8 heures du matin. Le lendemain matin, jour de mon départ, je lui envoie un message pour lui proposer un café avant de prendre mon train. Pas de réponse ! 17 h 30, j'arrive à la Gare de Lyon et, au moment de monter dans le train, il me répond qu'il n'a pas vu mon message avant mais qu'on peut toujours aller boire un verre. Je fais demi-tour et le retrouve pour un verre de vin sur le toit de son immeuble. »

JUSTINE & BERNARD

12 ANS D'AMOUR

Quand t'as plus d'un livre dans ton sac

« Elle m'a invitée à son anniversaire pour, je cite, "avoir un cadeau en plus". Je lui ai donc offert le deuxième tome d'une trilogie de livres qu'elle ne connaissait pas. »

CASSANDRE & EMMA
5 ANS D'AMITIÉ

Quand t'as pas cotisé pour le timbre

« Nouvelle en maternelle, elle a écrit une lettre à toute la classe sauf à moi. »

INÈS & MATHILDE
21 ANS D'AMITIÉ

Quand ça palet évident

« Il jouait au air-palet avec son ami au bar du camping pendant que je discutais pas loin avec ma meilleure amie. Il a envoyé son palet trop fort et celui-ci est passé à deux millimètres de ma tête. Un peu plus et je finissais à l'hôpital. »

LAURA & SIMON

9 ANS D'AMOUR

la suite

Il part du camping trois jours avant moi. Au moment de se dire au revoir, après un temps de flottement, on s'échange nos numéros. On se parle tous les jours par SMS durant plusieurs mois. On décide de se revoir début novembre. Il prend le train pour venir me rejoindre. Quand il sort du train, je me jette dans ses bras et l'embrasse. Neuf ans après, je continue à le charrier sur le fait que si je ne l'avais pas embrassé ce jour-là, on ne serait peut-être pas ensemble aujourd'hui.

Quand tu n'y vas pas par quatre chemins

« Depuis plusieurs mois, tous les matins, nous nous croisons sur la route en voiture. Un jour, pressée, je le double “à l’arrache”. Quelques heures plus tard, je le vois dans le bâtiment où je travaille. Il vient vers moi et me dit : “Vous êtes cinglée !” On finit par se rendre compte qu’il est le bailleur de mes locaux de travail. »

CAROLE & CYRIL

12 ANS D’AMOUR

Une rencontre épipique

« Je m'ennuie à une soirée prétendument *hype* pour le travail. On fait connaissance dans la queue pour aller aux toilettes. Ça matche instantanément, on a le même humour terriblement nul. On se fait passer pour des influenceurs pour avoir du champagne gratuit. Il m'embrasse. Dans le taxi qui m'emmène chez lui, on le dépasse à vélo. Je me tourne vers le chauffeur et lui dis : "J'ai rencontré l'homme de ma vie." »

S & G

2 ANS D'AMOUR

Somewhere over the parc La Fontaine

« Je suis assise au parc La Fontaine de Montréal avec mon ukulélé, il s'approche de moi avec sa guitare et me dit : "Salut, moi c'est Gabriel, je t'ai vue au loin et je voulais te chanter une chanson. Alors tu préfères français, anglais ou espagnol ?" J'ai répondu, amusée : "Vas-y, chante en allemand pour voir." »

SÉGOLÈNE & GABRIEL

7 ANS D'AMOUR

Inaccessible n'est pas intuition

« Je le vois pour la première fois dans un film. Quatre ans plus tard, je tombe sur son profil. Je sens que c'est l'homme de ma vie mais il me semble inaccessible. Mon instinct me dit de lui envoyer un message. Je le fais, pensant qu'il ne me répondra jamais. »

A & B

1 AN D'AMOUR

la suite

En plein confinement, il me répond. Lui dans le Sud, moi à Paris, on s'écrit, on s'appelle non-stop, et cela pendant sept jours et nuits. Malgré la situation sanitaire, je continue à aller au travail. Un beau matin, alors que je m'y rends, je reçois deux photos de sa part. Une de la tour Eiffel puis une autre de sa montre avec écrit : "Je suis là, tu as deux minutes pour sortir." Sous le choc, je n'en reviens pas. Je sors, le vois et me jette dans ses bras.

In 25 mojitos veritas

« Il est 2 heures du matin, le bar ferme.
Saoule, je le vois et ma spontanéité lui dit :
"Bordel, qu'est-ce que t'es beau !" »

ALEXANDRA & ARNAUD
3 ANS D'AMOUR

Une nouvelle prise à la Bastille !

« Soir de la nuit blanche, j'attends un ami place de la Bastille. Un beau garçon joue du saxo avec son groupe. Je dépose un papier avec mon numéro dans sa boîte à musique. »

AUDE & ALEX
8 ANS D'AMOUR

Conclusion

La mise en lumière de ces rencontres ne représente qu'une infime partie de moments de vie. Et pourtant, chaque rencontre est unique. Chaque parole prononcée, chaque sourire esquissé est le reflet d'une incroyable possibilité.

Cet ouvrage n'existerait pas sans vos témoignages. Sans votre envie de célébrer l'amour et l'amitié avec sincérité. Car il n'y a rien de plus beau dans ce monde que l'envie d'être ensemble.

Il ne tient qu'à nous de saisir les opportunités, de foncer, d'être audacieux. Il ne tient qu'à nous d'aller au-delà de nos peurs. L'inconnu est beau. Même quand il est difficile à voir.

NE PERDONS JAMAIS ESPOIR. CONTINUONS À PARTAGER, À RÊVER ET, SURTOUT, À AIMER.

Écris ta bam

Ta suite

Écris ta bam

Ta suite

Imprint, LA MAISON HACHETTE PRATIQUE
58, rue Jean Bleuzen – 92178 Vanves Cedex
www.hachette-pratique.com

Direction Hachette Pratique : Catherine Saunier-Talec
Direction éditoriale : Stéphane Rosa
Responsable de projets : Fanny Ecochard-Martin
Suivi éditorial : Camille Lenglet
Responsable artistique : Cécilia Rehbinder
Maquette intérieure, couverture et illustrations : Romane Vix
Préparation de copie : Anne Fragonnard
Relecture : Amélie Poggi
Mise en pages : SKGD-Création
Fabrication : Aude Cauchet
Responsable partenariats : Dana Lichiardopol
(dlichiardopol@hachette-livre.fr)

68-3976-9/01
ISBN : 978-2-01-716512-5
Dépôt légal : janvier 2022
Achevé d'imprimer en décembre 2021 par Rotolito en Italie.